AF302639

# Les pensées suspendues de DADU



12/14 rond-point des Champs-Élysées, 75008 Paris
Impression : BoD - Books on Demand, Norderstedt, Allemagne
ISBN : 9782322254293
Dépôt légal : Octobre 2020

# Damien siobuD

# Les pensées suspendues de Dadu

# **Préface**

« Il y a bien des formes de culture sur cette planète, dont deux rivales, la protectrice et la prédatrice. Mon regret serait que la prédatrice s'impose comme une monoculture. Ainsi, on me prendrait pour rival si l'on ne comprenait pas que je préférerais en créer de nouvelles plutôt que d'envisager une culture unique »

Dadu

Tout à fait, mon ami, moi, je voulais dire « la protectrice (qui protège les peuples autochtones) », mais ça peut être plus spécifique à quelqu'un, comme l'enfant qui encourage l'équipe de foot la plus faible, par esprit sportif ou par empathie (en fait, c'est un terme ouvert, on le comprend comme on le ressent, selon sa culture). Merci pour ton intérêt.

Damien siobuD

Je me lève en pensant à mon culot de remettre le caractère obtus de la science en question, ne fonctionnant qu'avec distance par rapport à elle. L'idée de ma petite personnalité contre de gros moyens financiers (en fait énormes) qui relèvent presque de la secte qui a réussi me surprend moi-même… de la même manière que mon père a remis en question l'Église dans son écrit *Tout est relatif, c'est absolu* (écrit trop troublant qu'il a retiré).

**Ce livre ne se voudra donc qu'un « ?! »**, une remise en question (même sur les styles d'écriture). Ces idées suspendues sont en fait des interrogations à « décrocher » pour qui le ressent.

Dadu

# QUINQUAGÉNAIRE et
## décalé mais lucide

## L'ESCLAVAGISME PAR L'ARGENT

Les machines remplacent tellement l'homme de plus en plus dans toutes les tâches que déjà, LE TRAVAIL INTELLECTUEL DEVIENT la seule tâche qu'il nous reste et de ce fait LA TÂCHE IN-GRATE :

Là où il devrait y avoir un honneur à réfléchir, à savoir faire, cela devient de plus en plus pénible. Nous aurions dû gagner en temps LIBRE, nous « gagnons » en ESCLAVAGE…du fait d'une course à l'argent. En effet, il s'avère que nous ne courons même plus après notre bonheur, mais après l'ARGENT tellement cette culture remplace celui qui l'a créée, j'insiste : CETTE CULTURE REM-PLACE CELUI QUI L'A CRÉÉE.

Si ainsi, l'homme s'est créé des outils pour chasser, il pouvait encore pratiquer le troc pour ses besoins grâce à cette pratique, à ses créations d'outils, à sa médecine et ses connaissances. Par l'agriculture, il est venu à s'approprier des terres, voire à les délimiter. La propriété aurait donc donné, par un côté quantifiable du bien, une valeur à une monnaie, qu'elle soit plume ou coquillage. La monnaie naissante devenant alors stockable (le coquillage se conserve, pas une denrée), évaluable, mais aussi le début d'une société à capitaux (stock de coquillages ou de pièces de monnaie), impôts, démesure progressivement croissante. Nous stockons ainsi l'argent, le faisons fructifier en placements, spéculations… Pour certains, la dette est révélatrice d'enrichissement.

À L'HEURE ACTUELLE, UN PAYS MODERNE NE DEVRAIT-IL PAS ÉVALUER SA RICHESSE, NON PAS EN PIB, MAIS EN NOMBRE D'HEURES TRAVAILLÉES BÉNÉVOLEMENT POUR LA CAUSE HUMAINE ? Nous devrions ne pas avoir à compter notre argent, mais avoir un téléphone portable, par exemple, qui nous dise si un projet, un achat est VIABLE, compte tenu des données fournies (ou collectées).

DE CE FAIT, NOUS AURIONS RÉELLEMENT ESPOIR D'ALLONGER L'ESPÉRANCE DE VIE HUMAINE QUI, SI L'ON Y REGARDE BIEN, NE CROÎT PAS, MAIS DÉCROÎT À L'ÉCHELLE PLANÉTAIRE. (Comme en Angleterre, qui emploie déjà les mots *« shit life »* comme si nous n'étions pas responsables de notre bonheur !)

## <u>NOUS VIVONS AU TROISIÈME MILLÉNAIRE, NON PAS À L'HEURE DE L'HUMANISME, MAIS DE L'ARGENT</u>

L'argent dont nous dépendons, s'il avait une raison d'être, maintenant s'amasse comme on a besoin de sa drogue. Plus le revenu sera élevé, plus la drogue sera « efficace ». En fait, l'argent est une ADDICTION qui n'a pas de genre, on dit de l'argent qu'« on en veut toujours plus » et l'on ne sait ce qui nous a fait « commencer », si on en est conscient !

En fait, on est plutôt accro à l'argent (addicted) et on ne le voit même pas, qu'on naisse avec ou sans (?). Il y a une notion de travail, mais les notions d'équité deviennent contestables.

« Dis, papa, le temps partiel à domicile, ça veut dire qu'il faut travailler le jour et une partie de la nuit ? »

« Un rêve écrit sur papier avec une date devient un but. Un but élaboré en étapes devient un plan. Un plan élaboré en actions devient réalité. »

Auteur inconnu

— Ce cinquième livre n'est que questionnement, remise en question, je laisse ceux qui le souhaitent formuler le but s'il doit y en voir un. Les étapes, les plans et actions doivent-ils être élaborés par la société occidentale entière ? En effet, elle est concernée par l'argent (ses monnaies qui rivalisent) et sa foi dans les sciences (nous y reviendrons).

Pour l'instant, comme un livre en correction, ce n'est qu'un « ?! » et cela peut le rester.

## LE CHANGEMENT

Donc, à une heure dix, après un feu d'artifice que je ne suis pas allé voir (eh oui, il y a quelques petits changements depuis, chez moi, bien des années). CHANGER, SI C'EST JUSTE POUR TOURNER SA VESTE, CE N'EST PAS UN CHANGEMENT.

« Qu'est-ce qu'un 14 Juillet ? Une explosion de violence jouissive dans le ciel pour que l'homme montre qu'il veut conquérir, si ce n'est coloniser, les étoiles. L'homme est souvent méchant, l'homme dans sa généralité et par son ignorance est un monstre, ces explosions dans le ciel nous le rappellent. Ce monde est celui du plus fort, soutient le bouquet final, quelle qu'en soit l'harmonie.

Et je verse ma larme sur ceux qui n'ont pas d'arme.

Et je verse mes sens sur ceux sans défense. »

## JE VIEILLIS

La télévision m'horripile, même l'émission de JL Reichmann (la préférée de ma femme) me paraît indécente. **Tout le monde veut voir très vite le « progrès » se faire alors que celui-ci n'est que le temps qui coule comme dans un bar à bières**

**dont il faudra dessaouler tôt ou tard**. Je n'y suis pas prêt et pourtant, je vieillis.

Être quinquagénaire ne me pose pas de soucis, je suis plus inquiet de l'après. Je m'adapte bien à la technologie, mais crains que plus je vieillisse, plus ce soit difficile. Je lis des articles qui ne sont pas que rassurants, pourtant pas des fictions, et certaines fois, cela paraît surréaliste. Je ne suis pas sûr, comme cela a été le cas pour mes parents, de suivre les « avancées » qui seront pour moi un « mur » si elles ne sont que scientifiques et techniques. Heureusement, comme vous, avec des restes d'une bonne constitution physique que j'entretiens un peu (il le faut), le corps et le cerveau s'adaptent.

Ici, par exemple, il faudra un jour que je m'adapte à la voiture électrique (prévue par monsieur le président Macron) et je connaissais la technologie actuelle, je conduisais donc bien. Pour moi, ce sera une petite révolution… quand (ou si) j'en aurai (j'en ai) le budget.

J'ai trouvé deux articles intéressants, le deuxième très abordable, plus littéraire, le premier plus scientifique que technique. Je renonce pour l'instant, beaucoup de mots et d'unités à la suite, mais peu de graphiques. Pourtant, nous y arriverons un jour, un bon dessin vaut mieux qu'un long discours… Mais sincèrement, j'y crois, « même si c'est depuis 1899 que ça a démarré, au moins, ce moteur est "endurant". Les avancées : une consommation plus proche de deux litres aux cent kilomètres ».

## L'EVALUATION

POUR AVOIR TRAVAILLE POUR AMAZON ET NON PAS CHEZ AMAZON PUISQUE CE SONT EUX QUI ONT TOUT EMPOCHE : NOUS ALLONS VERS UNE DICTATURE DE LA NOTE, CE QUI D'UN PREMIER ABORD SERAIT RASSURANT, MAIS FABRIQUE DES HOMMES ROBOTS, DES HOMMES AUX NORMES DE MACHINES, NOUS PERDONS PETIT A PETIT NOTRE DIGNITÉ D'HOMMES, MEME NOS LIBERTES D'INITIATIVE (QUI NE RENTRENT PAS DANS LES CRITERES DE LA NOTE ET DEVRAIENT AVOIR UN ENORME COEFFICIENT) !

Lettre à une amie :

« Tu vois, il y a des plus jeunes qui te rejoignent, et en proportion du nombre d'abstentions (dont j'étais) au deuxième tour : tu es loin d'être *out !* Mon souci est dans quatre ans, car c'est comme si notre Président préparait une dictature (un esclavagisme) de lui ou d'un(e) autre, se rapprochant d'ailleurs bien des modèles, dont le modèle chinois, du tout-numérique-scientifique-technique-et-commercial, mais encore mieux déguisé, pour un confort économique, soi-disant.

J'ai voulu argumenter avec un lien (maintenant visiblement censuré) où il veut noter tout le monde, si je comprends bien, même les députés. J'espère être plus près du parano que du prémonitoire… Mille bisous »

# LA TENDANCE À NOUS CLOISON-NER DANS UNE MATRICE

Si je prends mon exemple sur le *Net,* peut-être même avec la TNT (que je n'ai pas) mais qui suivrait toutes mes tendances télévisuelles (commerciales ? Je ne le pense pas), déjà, avec mes tendances internautes, j'ai (au moins) le profil d'une personne de cinquante-quatre ans de sexe masculin pacsée avec une personne sous protection judiciaire, qui ne se laisse pas cloisonner dans des tendances cinéphiles, littéraires, intellectuelles… en supprimant ses historiques de navigation, mais en sachant très bien qu'un fichier (au moins un !) numérique compressé va aux États-Unis chez Bill Gates et ses coéquipiers, qui le retransmettent à qui a les pleins pouvoirs par l'opération de nettoyage de disque de Microsoft : « nettoyage système ». Là, j'espère être paranoïde, et pourtant c'est si probable (ou le sera un jour).

Les conséquences si je ne faisais pas tous ces « nettoyages » seraient que l'information suggérée (publicitaire) me limiterait complètement dans mon ouverture au monde au lieu de m'accompagner : si je veux savoir ce qui est proposé aux enfants, aux ados, **qui sortirait des sentiers battus,** je suis HORS COURSE. Tous ces « nettoyages système » réunis en savent plus que moi, mais personne, intellectuellement parlant (à opposer à économiquement ou politiquement), ne m'apporte plus de sources hasardeuses (ou divines), c'est la matrice et son algorithme qui décident. D'ailleurs, à l'heure où j'écris « algorithme », si je voulais l'écrire « algorythme », rien que mon correcteur d'orthographe serait (déjà) au courant (il me demanderait même si je veux faire entrer cette nouvelle orthographe dans une matrice syntaxique (*via* Word et *Internet*)). (Ceci dit, je ne suis pas censé dans mes écrits citer de marque, pourtant le thème est bien l'outil numérique dans ce paragraphe et je ne peux parler que de ce que je connais : donc, le citer !)

Je suis cloisonné, limité, bridé, comme un cheval, mais, aussi noble soit l'animal, je me considère comme « humain », homme.

## DEMESURE ET VISAGE HUMAIN

La démesure, de la nanotechnologie à l'astronomie en passant par les milliards de dollars investis, est capable d'être le mal de ce siècle, espérons n'y trouver qu'essentiellement du bon pour tous.

Avant d'avoir peur d'être esclaves des machines, n'aurions-nous pas dû craindre d'être esclaves de l'argent (qui les crée) ? Travail=> propriété=> argent=> déséquilibres=> aliénations.

Jusque-là, le seul moyen que nous ayons trouvé contre les méfaits de l'argent est l'argent : double aliénation (dépenser contre, boycotter pour…).

Le problème de presque tout le monde (bien portant) est l'argent. Supprimer le problème, c'est supprimer l'argent. Se pose un deuxième problème que je ne résoudrai pas seul, c'est que PERSONNE N'ENVISAGE LE MONDE SANS ARGENT. Peut-être reste-t-il des tribus autochtones qui fonctionnent sans, ou peut-être EXISTAIT-IL des peuples autochtones qui fonctionnaient sans ET L'ARGENT LES ANNIHILE. Je cherche un monde qui ne soit pas esclave de l'argent, un monde avec un cœur et des sourires.

Mondial 2022 ?…

## « Je ne cherche pas, je trouve. » P. Picasso

En fait, personnellement, je ne doute pas, c'est juste que quand je ne crée pas, c'est que je n'ai rien d'important à dire. Parfois (*Les petits petons et les temps suspendus*), j'ai même jugé important de parler un peu du dérisoire et de ce qui paraît futile : un bonheur d'être au printemps… en réaction aux lectures noires, « métallisées » qui se veulent trop sérieuses, voire « graves », car le bonheur existe, on oublie un peu trop d'en parler ou de le décrire, d'apprendre à le voir… Parler du bonheur de deux adultes handicapés, n'est-ce pas une bonne morale pour un bon moral ?

J'aime cette phrase : « Il faut accepter son ignorance. À moins que… 😊 »

Ou celle-là :

« On peut me dire quoi faire, mais pas quoi (en) penser… »

Ou celle-ci : « Je sais ce que je dois faire : ESSAYER, JE VERRAI quoi en penser. »

**Ainsi, lié à ce sous-titre, faut-il tant chercher des réponses à nos « questions suspendues », ne faut-il pas plutôt s'ouvrir aux réponses qui viendront à nous, dans leur multiplicité ? S'ouvrir à certains refus fait aussi partie de cette multiplicité de réponses en fonction de chacun. Les « indignés » n'ont-ils pas eu leur succès ?**

Une pensée à méditer cependant :

## J'entends que l'humanisme ait visage humain.

Pour un humaniste, cela n'est pas en remplaçant les hommes par des machines qu'on y parviendra.

Mais j'ai grandi dans un monde de machines et parfois, là, je doute, alors…

« Je sais ce que je dois faire : ESSAYER, JE VERRAI quoi en penser. »

Ma réflexion partait du fait qu'on remplace les livreurs par des machines. On aurait l'air fin en recevant le courrier ou courriel suivant :

« … Notre machine est en panne puis a été dérobée, excusez-nous de ce contretemps, le GPS intégré va localiser la machine et vos biens. Il ne vous en coûtera rien, seulement un délai d'attente contractuel d'un an. Passé ce délai, vous serez remboursé.

Nos machines sont équipées de caméras, il semblerait qu'un vélo ne lui cédant pas la priorité et non équipé d'un GPS, comme le prévoit la loi, soit fautif. Nous mettons tout en œuvre pour réparer ce préjudice et faire en sorte que le conducteur soit équipé d'un bracelet électronique pénal.

Avec toutes nos excuses… »

Je peux voir l'agnosticisme et l'athéisme, j'entends que l'humanisme ait visage humain :

« Quand on verbalisera le verre d'alcool en localisant sa molécule au volant par une nanotechnologie et que les machines prendront la place des piétons sur les trottoirs, on ne s'étonnera pas de marcher sur les routes et de mourir d'autre chose qu'une cirrhose… ! »

Le problème est bien que nous allons vers l'excès, dans notre monde moderne :

**Déjà faudrait-il que le Code pénal soit mémorisable par le commun des mortels.**

Ensuite, nous pourrons mieux lire les conditions générales de ventes de notre ordinateur, de nos logiciels, du site internet vendeur, enfin de l'organisme de livraison.

Tout cela me paraît dérision.

**Les excès, les manques, font de nous des irresponsables.**

Aujourd'hui dans cette deuxième version du livret je nous vois même aller vers de trop grands manques, nous rendant dangereux.

On m'a par exemple demandé de concevoir une tuyauterie souple de frein entre deux wagons de TGV. Le souci dans l'entreprise était que personne ne savait - la plus-part du personnel étant fait de prestataires bons marché - le rayon minimum de rotation que pouvaient décrire les wagons, ensemble, sinon en pleine vitesse, au moins en manœuvre. Le risque étant que le tuyau souple entre les deux compartiments pendrait et toucherait ou accrocherait au sol. Alors je me dis dans la voiture « comment a été conçue ce véhicule à quatre roues que je même bon train, comme les autres automobilistes devant et derrière moi ? »

Nous sommes dans les excès ou dans les manques et tout ceci en un siècle a fait de nous des irresponsables nés. Mais je ferme cette parenthèse, moi-même presque né un volant dans les mains, inconscient.

## Ah, l'argent, tu entres dans tous nos calculs !

Le pire étant que plus les choses évoluent, moins nous connaissons leur valeur (prix barrés, soldes, subventions à la production, cours du pétrole, cotation en bourse) et au moins le vrai prix de la production, le vrai salaire de base du pays d'origine, donc le pays d'origine, si ce ne sont pas les pays d'origine… la part des taxes… leurs fonctions, la part non « naturelle » de l'article (si cela a encore du sens…), la part d'héritage patrimonial de l'entreprise (le coût de ses savoirs et de son expérience, de sa recherche…), tout me paraît excessivement complexe, mais la magie qui fait que cela fonctionne vient de sa complexité.

Jusqu'ici, plus les choses sont complexes, plus elles sont solides, fiables (c'est une observation scientifique, en effet). Donc, considérons qu'on avance et que le prix de l'effort humain ressemblerait à celui de la vente.

En fait, je pense qu'on en est bien loin et, à part le matériel sur mesure hors de prix (quoique lui aussi soit plus complexe à comprendre), nous ne payons pas les choses comme on le devrait équitablement. L'un ou l'autre, nous nous roulons tous mutuellement dans la farine (même sans doute en tenant compte d'une TVA croissante).

Ne prétendons pas non plus que les milliardaires méritent réellement leur salaire de la même manière que l'adulte handicapé est freiné pour dépasser un SMIC, et dans les deux cas, on se voile la face.

Tout cela me paraît dérision et comme « nous, on s'inquiète de nos soucis ! », c'est assez à gérer.

Vous remarquerez que plus on a de soucis, moins on voit la dérision si on veut y faire face. C'est pour cela que j'écris en plein mois d'août.

« Mais je ne cours pas après l'argent, je cours après l'économie. Parfait, l'équilibre est fait, la boucle est bouclée, chacun sa fonction, dont celle de l'écrivain qui écrit pour ne pas être lu parce qu'il ne développe pas ses idées en papier tout mâché, qui souhaite juste que l'on se pose quelques questions de <u>base</u> pour vraiment se les approprier ».

Il y aurait bien une question que je poserais, mais j'ai peur de devenir « chiant ».

**La science (comme l'argent) est-elle notre culture que nous ne saurions remettre en « question » (peut-être même en « cause »), entrée comme une forme de croyance dans notre inconscient ? Avons-nous foi dans les sciences et**

**techniques ? N'ont-elles pas leurs limites** ? Cette dernière question, je ne la développerai pas, lisant aujourd'hui que huit cents ponts et viaducs sont passibles de s'écrouler à plus ou moins long terme en France.

Si la question vous paraît trop compliquée, laissez ce livre pour l'instant. Dans le cas contraire, mettons-nous                                    d'accord.

# CULTURE SCIENCES : votre radio écho

Arrêtons de croire à la science exacte comme à une science EXACTE (qui ne se trompe pas, infuse) : TOUTE CONNAISSANCE EST FAITE POUR ÊTRE COMPLÉTÉE. DÉTRÔNÉE PAR UNE OU D'AUTRES. Entre Newton et la relativité... de Poincaré, il y a eu Bernoulli. On a tous ce potentiel, nous aussi !

Si un relativement con a dit que la planète, du fait du système solaire, avait quelques milliards d'années devant elle, n'allez pas prendre sa parole trop au sérieux, car cela tient un peu de l'absurde (à vous de voir en quoi, je ne vous tiens pas pour idiot ; considérez que si vous pouvez le croire toute une vie, vous ne serez pas là, je pense, pour le vérifier, au moins sous la même apparence, quoique...) ! Cela peut être un scientifique, c'est d'abord un voleur, si c'est à ça que servent les impôts... Les petits scientifiques s'inspirent des connaissances des autres, soyez GRANDS, sortez des sentiers battus ! Arrêtons de CROIRE à un monde à quatre ou cinq dimensions, soyons doués d'imagination. De cette formation, la science m'a un peu ouvert l'esprit, j'espère, pas ABÊTI. Une nouvelle théorie, la « théorie des cordes », fait entrevoir de multiples dimensions à l'univers : allez encore au-delà !

Je connais (trop bien) quelqu'un qui vieillit qui croit tellement en la science qu'il a demandé à son médecin quand il mourrait (de vieillesse). Le médecin, heureusement, en homme averti, lui a répondu : « vous savez, je ne le sais même pas pour moi ». Je crois que le vieil homme a encore des choses à apprendre avant de mourir…

Je le redis, j'aime cette phrase : « Il faut accepter son ignorance. À moins que… 😊 »

## IMAGINATION ET LIMITATION

« Il s'est avéré scientifiquement vrai que le fœtus devient vivant à partir de son quarantième jour de vie ! À partir de ce moment-là, il s'adapte bien à la situation générale de sa maman : fumeuse ou non, agitée ou calme, fan de musique, sportive ou autres. Donc, l'enfant naît et juste après, dès qu'on lui tend le sein de sa maman, il commence à le téter... Incroyable, mais vrai... Merci.

— Mon Ami, je veux bien te croire ou l'entendre, cela restera dans ma mémoire : « quarante jours et la source ». Moi, ma femme a longtemps cru qu'elle était née d'un œuf ou d'un chou.

Mais on prétendait, il y une vingtaine d'années, dans le monde scientifique, que le cerveau du garçon se formait jusqu'à l'âge de vingt-neuf ans. Le mien, à cinquante-quatre ans, il évolue encore, il apprend, même si moins bien et moins vite, parfois même de ses propres déductions. L'arbre a toujours de nouvelles branches, de nouveaux bourgeons, ou il serait amené à « changer de vie, de forme, d'apparence ». Les théories scientifiques sont TOUTES faites pour être détrônées, comme les lois contournées, ce n'est QUE DE L'ARTIFICIEL, du subjectif. De même, la loi interdit de tuer, mais elle fusille les déserteurs, la loi contourne donc la loi.

— Cher ami Dadu, Cette information est très connue. Le cœur d'un fœtus est le premier organe qui commence à battre avant même son quarantième jour. À ce moment-là, sa longueur est seulement de trois millimètres ! Je viens de me rassurer sur internet en écrivant ma question claire et simple : à quel âge le cœur de l'embryon commence-t-il à battre ? Fais la recherche, cher ami, et informe-moi. Merci.

— Oui, je comprends ton raisonnement, mon Ami, mais rien qu'une cellule, un chromosome, pour moi (ça m'est très personnel) est une forme de vie et toute forme de vie mute (ça m'est encore personnel).

Avant, on s'intéressait au cœur pour la vie, maintenant, on s'intéresse à la vie cérébrale, on trouve de la matière grise en dehors du cerveau depuis… faut-il s'arrêter là, faut-il mieux chercher, faut-il tant chercher à arrêter ce concept de vie à des critères réducteurs ? Je ne dis pas que tu as tort, cette question se pose en fait pour justifier l'avortement (en France avant trois semaines, je crois, six ?), mais au niveau scientifique, on sait très peu de choses sur la vie en tant que concept et pour moi, il faut scientifiquement s'ouvrir (c'est très personnel). Ainsi, il est difficile de dire s'il y a une intelligence sur ou dans les astres de notre propre système solaire… Personne ne sait grand-chose, en fait (sur les formes de vie envisageables), je le redis, on balbutie toujours en sciences, même si on avance à grands pas 😊.

Il y a des données scientifiques qui me surprennent énormément, comme le livre numérique pour remplacer le livre, en matière de recommandation écologique : peut-être que ces livres, par la baisse des coûts de production d'une grande quantité d'accumulateurs (« accus ») et de composants de qualité, coûteront ils aussi cher en énergie que la combustion de bois (donc la production de papier pourtant recyclable comme le livre), mais je doute (en plus de la fatigue occasionnée à nos yeux par un rayonnement) que tenant compte des pertes énergétiques énormes de nos réseaux électriques, de transformateurs de plus en plus petits, un écran allumé huit heures (au minimum) par jour soit une économie comparée à un papier stable qui se relit, s'ouvre et se ferme sans rien consommer. Un jour peut-être y viendra-t-on, mais pour le moment, on nous leurre, au bénéfice de la société de consommation ou des industries.

C'est un peu comme la voiture électrique aux dépens de la voiture à hydrogène, on choisit d'orienter les progrès là où c'est commercialement rentable — pour taxer plus tard très cher l'énergie électrique, qui sera la seule commercialisée (détecteurs de fumée oblige) ?

Comme pour une croyance en un dieu dont l'existence n'a rien de prouvable, je pense que rien que la valeur énergétique de mille livres papier à recycler ne produise pas cinq mille lectures numériques, mais plutôt cinq cents (selon la durée de vie du matériel). Une demi-douzaine de lectures numériques de manière très arbitraire en regardant une flamme comparée à un écran (qu'il faut produire) avec le gâchis dans la nature, été comme hiver, pourrait-elle produire un livre encore actuellement ? Cette question que je n'ai jamais vue traitée en profondeur sur des expériences faisables soi-même n'est-elle pas comme une croyance non pas du Vatican, mais inculquée par les États pour leur économie ? L'argument actuel devrait rester économique et non sous couvert d'écologie, car une vérification pourrait crédibiliser l'idée du réchauffement (rapide) de la planète par les écrans. Par contre, la Terre perd son entropie, qu'elle ne perdait pas avec le tout-papier recyclable.

Les données astrologiques sont, de la même manière, non vérifiables. La science, sur bien des sujets, tient d'une « métaphysique » qui serait loin du « divin ». On sait en effet fabriquer des armes en tous genres, y compris par la bombe H et nucléaire.

Quelle est cette fameuse promesse écologique faite par la science ? Je préfère ne pas faire d'enfant et élever mon chat, qui me garantit contre les nuisibles et à qui je donne aussi tout mon amour (au moins en matière d'écologie, pour d'autres raisons aussi).

Enfin, la science a-t-elle démontré l'absence de conscience de la matière ? Si oui, comment ?! Elle sait diviser un atome en deux, retrouver sa réplique à quatre-vingts kilomètres à l'occasion, donc mieux vaut ne pas y penser, car elle jouerait les barbares, en y réfléchissant à deux fois.

Et si la matière, plus âgée, « donc plus sage », avait une conscience ? Tellement de conscience même qu'elle nous fout, de longue date, la paix (place aux jeunes) ? Il a été fait l'expérience de mettre une particule sous vide (du mieux qu'on pouvait il y a plus de trente ans). Il semblait aux scientifiques que celle-ci se comportait comme si elle avait une conscience (qu'elle cherchait son chemin)…

## DEBUT ? FIN ?

En effet, que seraient nos vies, quel intérêt, si l'on en connaissait tout le parcours, cela serait ou monotone, ou frustrant de ne pouvoir espérer en être l'acteur. Pour le moment, on considère dans le doute qu'il y a un début et une fin. Ce n'est qu'un postulat, déjà : des mutations, nous en faisons tout au long de notre vie et je supposerais qu'il n'y a ni début ni fin. Ainsi, les choses me paraissent plus positives pour mener sa vie (moins asservies par de « relatives connaissances »), autrement que comme une piteuse « vie », dont la conception nous aurait été conditionnée par nos parents et notre culture judéo-chrétienne. Pourquoi la matière, l'énergie, serait-elle sans début et sans fin et nous, la vie, si ?

Juillet 2018 (simple reproduction cyclique du soleil de 1976 ?) :

« J'essaie de "débrancher pour la planète". Ici, les gens les plus nerveux sont exécrables, sous pression, je pense à cause de la chaleur à laquelle ils ne sont pas habitués et ils ne savent, ne peuvent se réorganiser. Christiane et moi avons trouvé une solution temporaire, vivre plus la nuit. Je vais essayer un genre de *status quo* le temps que la pluie vienne, dans le sens où je vais moins consommer d'électricité (effet joule, rayonnement…) qui nuit à la planète.

Les conditions météo m'inquiètent, je pense qu'il faut tout de suite réagir (sans obligatoirement penser à un réchauffement climatique, mais déjà à un inconfort général), en pensant à éteindre nos brûleurs d'énergie l'été, ordinateurs, tablettes, voiture électrique…

— Mille bisous, c'est vraiment sympa, ton point de vue à chaud (ton point de vue « H.O. »)

PS : « 100H O 7 = L 100. + L HO + L 100 »

Traduction : « Sens ta chaussette comme elle sent. Plus elle a chaud, plus elle sent 😊. »

Amitiés »

« Il y a plus de courage que de talents dans la plupart des réussites. » (Félix Leclerc)

# CONCLUSION

L'ANIMAL INTELLIGENT (L'A.I.)

Monsieur le Président,
Je ne suis pas né mutant.
Je ne suis pas un être expérimental,
Je ne suis pas l'objet d'un arsenal.
Je ne suis pas né consommateur,
Je ne suis pas né tirailleur.

Je ne suis pas un jouet empirique,
Sortez-moi des statistiques.

Devant la dérision
Je refuse cette prison,
J'ai besoin d'espace,
Pas qu'on me contrefasse.

Pour tous je suis la nature,
Pour tous, son futur.

Monsieur le Président, je suis né enfant,

Pas votre mutant.

Et moi, si je suis de trop…
… je rentre à vélo,
Même pas connecté…
… ça vous fera les pieds !
DADU

# Postface

**Ce livre ne s'est voulu qu'un « ?! »**, une remise en question (même sur les styles d'écriture).


J'ai troqué ma maison triste et sombre, j'ai
quitté mon musée
Pour une habitation à loyer modéré.


J'ai troqué ma maison pour ma dulcinée,
Ma femme enjouée en logement de plain-pied.


Elle s'est fait opérer, a de l'œdème au pied,
Je descends du plain-pied au rez-de-chaussée ;
Elle s'est fait opérer, a deux broches au pied :
Au rez-de-chaussée me voilà, sans disconti-
nuer.


De nature enjouée,
Ne manque pas de gaîté,
D'un orteil elle s'est fait opérer,
Orteil après cassé,
Triste destinée.

D'un fauteuil électrique
Elle s'est équipée,
Heureusement qu'en fabrique
Ils ont bien travaillé,
En pratique
Compensé.

En toute honnêteté,
Il faut savoir éviter
De vouloir redresser
Un orteil peu courbé.

Des pieds et des mains,
Je me réessaierai tant bien
De la dissuader
De se faire opérer.

# Annexe : Biographie de Damien siobuD

<u>**Damien siobuD**</u> (OU <u>**Neimad Siobud**</u>)

Pseudonymes de Damien Dubois, né en décembre 1963 en Mayenne, auteur du site *internet* www.amusantmusee.eu, des livres, *Lila, Linou et Nous,* où il décrit deux aventures, ainsi que *Les petits petons et les temps suspendus*, humour et poésie sur quelques êtres attachants à deux et à quatre pattes à la vie singulière. Son avant-dernier ouvrage, *Ma plume à Pierrot*, belle histoire d'amitié, a lui été traduit en américain *(My Pen for Pierrot)* et bientôt, le sera en espagnol.

Ce livre parle de relations humaines, mais de relations masculines, amis, père-fils, et indésirables.

Le tout dernier livre, ***Ex-time & In-time : l'humain debout,*** parle d'amis dignes qui échangent *via Internet* des points de vue, sympathies, aventures sans faire dans le *suspense,* expériences… en toute authenticité fraternelle. Vous entrez ici dans une intimité qui n'a rien de malsain.

## Historique

Jeune, après deux déménagements de départements différents, il perd son meilleur ami d'un suicide, alors qu'ils sont tous les deux en pleine adolescence. Sa scolarité s'en ressent malgré de visibles prédispositions en art plastique qu'il hérite de son grand-père paternel, Raymond Dubois, sculpteur catholique en art religieux (art sacré). Il est doué en langues grâce à divers séjours en région londonienne dès onze ans, puis en Allemagne, et finit l'année avec un classement en allemand de deuxième élève du collège. De même, au BEPC, il obtient un 19,5/20 en mathématiques, après une moyenne de 6/20 dans cette matière l'année scolaire du décès. Ses résultats, malgré ce brevet, ne sont pas remarqués du corps enseignant.

Réorienté par ses parents, qui le mettent à l'internat au lycée technique, il reprend ses études en main, passe son diplôme de fin d'études série E (sciences et techniques), qu'il obtient, et par économie pour ses parents, dont le père, directeur d'un bureau de poste, a encore été muté (dans la Vienne), repasse un bac, mais celui-ci scientifique (Bac C), où il enrichit sa culture et profite du cinéma à côté de ce bureau de poste.

C'est seulement adulte qu'il apprendra de sa mère que le professeur de dessin qu'il avait eu au collège lui avait dit qu'il n'avait jamais eu d'élève aussi doué (à l'époque, car il n'exerce plus de longue date).

Il recroise ce professeur de dessin à l'examen du bac E. Est-il en confiance ? Il tire d'une empreinte de basket imprimée et à compléter à l'épreuve d'art plastique, un dessin au *Rotring (crayons faits pour le dessin industriel)* d'un harponnage de baleine. Le 18,5/20 coefficient 1 ne suffit pas à lui donner son bac…

À l'épreuve du bac C, il hérite là d'une simple courbe (une trajectoire de projectile) aussi à compléter, il n'obtient qu'un 1/20. Ne voyant pas comment mettre à cette matière un tracé de physique nucléaire non harmonieux (par une dizaine de points mathématiquement placés sur une droite fictive et sans intérêt artistique, car la science fait mieux), il a choisi de représenter au pinceau un dessin raté, dans l'urgence, d'un gigantesque aileron de requin et d'un baigneur — il avait été marqué par *Jaws (Les Dents de la mer),* qu'il avait vu au cinéma à Londres, en anglais, à l'âge de onze ans et demi (l'âge légal en France était de treize ans).

Damien est lent (aux tests psychotechniques, il ne fait que très peu de fautes mais manque de temps et ne remplit pas la fin des tests), il obtient, pour lui, une victoire en français par un 11/20, puis en philosophie avec 13/20 au bac, se souvenant de ses 0/20 en sixième en orthographe, qui l'auront marqué (avec sa professeur autoritaire au manteau en peau de bête et à la Citroën CX en vogue). Il sait donc s'exprimer à l'oral et à l'écrit à dix-huit ans et reprend confiance.

Damien manque de présence d'esprit, mais Neimad, lui, n'en manque pas : en dix minutes, par jeu, il écrit *Papa (immobile),* « fable » destinée à son père, qu'un peu de foi sauvera, huit jours après la parution de son livre, ne cherchant (cf. Picasso : « je ne cherche pas, je trouve ») que peu de poésie, sinon celle de l'humour.

Le père de Damien, depuis la parution du livre, semble enfin croire en lui, donne une part d'attention (au professionnel, pas à l'humain) à l'opposé de celle qu'il lui a montrée après son départ de l'Amusant Musée. Les ambitions de Jean-Vianney ont toujours été assez proches, mais la méthode de Jean n'est pas la même, Damien souhaitant travailler comme il peut, quand il le peut (de jour comme de nuit) et se créer son emploi. Jean et son épouse ont été trop ambitieux pour Damien, lui ayant demandé avant ses sept ans s'il « voulait devenir président de la République ». Damien n'a que l'ambition de bien voter...

Le bac C obtenu (équivalent du bac S de nos jours), il tombe amoureux d'une jeune femme considérée par des proches, il l'apprendra plus tard, comme « une petite allumeuse ». Après qu'elle a à nouveau tenté des récidives qui l'auront détruit, il arrêtera beaucoup plus tard de croire en cet amour (découvrant tardivement la réputation de la demoiselle). Il se fait à l'idée salvatrice qu'elle était nymphomane.

N'ayant pas récupéré de deux jumelages, un au Burkina-Faso (il paie le trajet par un emploi aux espaces verts en juillet 1981) et un en Belgique (intronisé à la bière comme représentant des jeunes de Loudun), en août 1982, le jumelage se concrétise à même sa ville... Il déprime à l'université, fait des crises de délire.

Damien est hospitalisé à deux reprises une dizaine de jours (sur trois années dans un Institut universitaire de technologie). Pendant l'interruption universitaire de quelques mois, il termine une fresque murale de sa chambre (dont il emportera la principale partie chez ses parents).

Son goût dans le vent de l'époque pour les films fantastiques, le cinéma et la publicité est à l'origine de sa rechute, ne ratant pas sur l'année les meilleurs films, y compris un festival du film fantastique et « la Nuit des publivores ». Il perd le goût de l'image animée vers trente-cinq ans, trop sensible, car averti des effets artistiques. Il aura cependant profité des films d'art et d'essai à Londres (à *Everyman cinema*), en anglais plus qu'en français, et risquera l'école Louis-Lumière, mais échoue, frôlant la moyenne à la deuxième partie de l'examen. Il travaille en même temps dans un commerce chez un artisan photographe pendant six mois, commerce mal situé qui ne survit pas, où il est obligé de terminer son mémoire sans grande poésie (et sans moyens).

Son intention à l'IUT était de s'affranchir de l'autorité de son père et d'avoir un diplôme en poche pour être financièrement libre et exercer dans la photographie. Il se savait des lacunes en technique et a choisi ses études plus pour les combler, s'instruire et cultiver d'autres facultés.

Toujours à Poitiers, il se risque à une formation de projectionniste, obtient la théorie haut la main, mais fait l'erreur d'entreprendre, en même temps, un scénario fantastique et humoristique qu'il réessaiera de mûrir sur des bases plus scientifiques par la suite. Mais dans les deux situations, cela le mène à la maladie (surmené, il se voit à un mètre au-dessus du sol au moment de l'épreuve de montage de film lors de l'examen pratique).

Environ un an plus tard, il souffre de névralgies pour des raisons professionnelles et sentimentales alors qu'il a une bonne place en bureau d'études dans le Loir-et-Cher. L'exposition de photographie qu'il y fait le sauve professionnellement car intellectuellement : il quitte son emploi pour la photographie à Paris, quelques collègues de travail étant « des râleurs finis ».

Les diplômes et savoirs acquis, il n'a pas le tempérament technique et d'un père petit bricoleur hérite seulement de l'esprit poétique et observateur, l'intelligence et la culture des deux parents, mais sous l'effet d'un traitement pharmaceutique à vie, il ne peut les faire fructifier. Il quitte la photographie, puis l'enseignement technique, fait un détour par l'IUFM de Tours, bien classé au concours interne d'entrée, mais il remarque des « œillères dans cette académie et corps de métier ».

Il tente le tout pour le tout à l'oral de l'examen final malgré de bons résultats à toutes les autres matières du concours et est éjecté avec une note en enseignement de l'art plastique — qu'il attribue à son dossier médical — de 2,5/20 à l'oral de la dernière année du concours interne, ou il soutenait qu'au moins dans son art, il faut faire confiance à l'enfant. Il ne veut pas comparer les œuvres de ses élèves à celles des artistes passés, les considérant comme contemporaines et à venir : De ce fait, le commentaire a été : « aucune connaissance en art plastique ».

Il voit donc l'enseignement dans cette académie comme rétrograde et non novateur, ne doutant pas, lui, de son vécu. La note bien inférieure à 7/20 est éliminatoire, prouvant qu'il a perdu son temps dans le professorat des écoles et que l'incompatibilité avec son ex-direction ne dépend pas de lui.

C'est sans regret qu'il part comme suppléant dans l'enseignement technique, reprend une formation pour adultes dans la DAO en 1995, fait un contrat de deux ans, joue sa promotion par un FONGECIF (année de réorientation à laquelle il a droit après dix ans de métier) de 1997 à 1998 et est détaché pour la Belgique, qu'il apprécie, découvrant la gestion mécanique de la base de données, puis chez PSA à Vélizy, où il ne se trouve toujours pas dans son élément (ville usine).

Bien plus tard, à cinquante-trois ans, il est plus à l'aise et capable d'improvisation à l'écrit.

Mais les passages obligés, il doit les surmonter avant.

Il voyage de contrat en contrat, ne trouvant pas l'équilibre dans son travail de dessinateur industriel (ni l'équilibre sentimental), ayant pourtant étudié pour exercer dans les énergies novatrices, énergies qui l'intéressent trente-cinq ans trop tôt sous l'influence de Jean-Luc Perrier, ingénieur réalisateur d'un four solaire (l'héliostat) qui fournissait l'hydrogène liquide pour alimenter sa Simca 1000, faisant ainsi l'aller-retour Angers-Poitiers…

Jean-Luc Perrier décède sur le trajet de Poitiers, où résidera après sa mort l'héliostat. Damien ne croit pas à sa mort accidentelle (Jean-Luc est mort sur une ligne droite qu'il connaît bien, doublé par un camion qui s'est rabattu trop vite, entre Doué-la-Fontaine et Loudun. J.L. était le premier à faire la morale à ses élèves en cours de technologie sur leur conduite en voiture[1]). Il réalise à l'IUT en

---

[1] À l'IUT, il profite d'un exposé pour interviewer un ami de Jean-Luc. Ce vieil homme aujourd'hui, qui craignait pour sa propre famille, lui avait dit tout bas qu'il ne croyait pas lui-même à cette mort accidentelle et voulait garder le secret. Neimad <u>imaginera dans ses délires</u> que monsieur M., un pied à Loudun, un pied dans les ministères, ambitieux du Futuroscope et de la stabilité de son poste, porte une part de responsabilité dans cette mort et que l'héliostat n'a pas atterri par hélicoptère de Saint-Barthélemy d'Anjou à Poitiers par hasard : on laisse croire trente-cinq ans après que l'héliostat était trop coûteux alors que Jean-Luc, sans doute avec des aides bénévoles, l'avait conçu et construit seul. Malheureusement, le livre que

1983, au fer à souder, une sculpture où il écrit son propre prénom à l'envers : « NEIMAD ». (Plus tard, il attribue à ces brasages une hypersensibilité aux lumens qui, ajoutée à son traitement, lui crée des crises de mal-être, voyant avec les yeux de Johannes Vermeer, son œil étant focalisé sur le

laisse Jean-Luc ne contient qu'essentiellement des données scientifiques aujourd'hui très abordables, peu de plans de l'héliostat, il n'y a pas prévu les avancées colonialistes aux pôles, en mer, en Amérique latine... et technologiques de forage. Pour lui, le pétrole n'en avait plus que pour trente ans et le nucléaire dix en 1980. Même le four solaire d'Odeillo semblait oublié cinq ans après. Personne ne saura jamais quelle est la part de délire de Neimad pour ce cas sur monsieur M, aujourd'hui décédé. L'objet de cet écart est de décrire l'imaginaire de Neimad, partant des observations de Damien. Pour Damien, il était de son devoir civique de mentionner ses craintes.

L'enseignant du bureau d'étude de l'IUT de Poitiers, incompétent (et raciste reconnu dans la promotion des années quatre-vingt) qui <u>peut</u> être de ceux qui ont coulé le projet dans un des rares établissements où il était déjà trop tard pour garder le sérieux de l'héliostat (il est exposé, en tant qu'avant-garde, comme pièce de musée, puis plus tard démonté). Cet enseignant a aussi sabordé l'avenir d'au moins deux de ses élèves (dont l'ami d'études de Neimad, Nadji, qu'il a croisé, au chômage dix ans après, à Paris, qui pourtant avait obtenu, avec son fort niveau en mathématiques, des bourses pour suivre ses études en France) doit aujourd'hui sans doute mener une retraite paisible d'enseignant rétrograde, simpliste et xénophobe (et garder son droit de vote).

moindre détail, comme dans *La Jeune Fille à la perle*.)

En 1999, il se risque à un emploi dans l'association fondée par son père, « l'Amusant Musée ». Il a toutes les responsabilités pour lui, doit créer son emploi et, par la force des choses, logeant quasiment au travail, il se désocialise. C'est « le cordonnier le plus mal chaussé » car entre son père et lui, la relation se dégrade, et lui au travail prend l'humour au sérieux, bien-sûr.

C'est, en foyer d'accueil médicalisé, la continuité d'une activité intense, même en FAM, où il continue sur sa lancée de développer son site, et, sans l'avis du personnel, travaillant essentiellement de nuit, il s'enregistre comme autoentrepreneur dans la vente de petits jouets de style anglais de la fin du XXe siècle le 6 juin 2009, et à partir de 2011 sur www.petit-jouet-pas-cher.com, le site précédent, www.amusantmusee.com, n'étant malheureusement pas fait pour la vente, car trop important et donc trop lent. Les deux sites sont vendus fin 2017.

Il quitte le FAM au bout de quatorze mois en juillet 2009 grâce à Christiane G., adulte handicapée de son âge, et, elle, sous protection judiciaire. La curatelle de sa compagne fait en 2012 une erreur administrative (qui le met en porte-à-faux de six mille euros) : il est obligé de fermer son autoentreprise et continue malgré un lourd traitement ses activités bénévoles *internet* pour l'association L'Amusant Musée, dont il est président et qui sera douloureusement arrêtée en février 2017. Les sites, eux, continueront à vivre pour les passionnés, à ses frais, pendant dix mois.

Entre-temps, Neimad a entrepris, en automne 2016, un livre, où il décrit ses passions : son activité bénévole, sa femme, ses amis et ses chats qui ficellent les textes de ce premier roman.

Avec un passé professionnel de quatre ans dans l'enseignement, il veut faire de son ouvrage un manuel scolaire. Le succès de cette œuvre sera la preuve pour lui que l'école expérimentale qu'il a vécue pendant huit à neuf ans dans le troisième cycle n'était pas un échec (école qu'il a un peu oubliée, mais où il était enseigné l'espéranto), malgré sa difficile année en sixième dans une troisième nouvelle ville. Neimad, en effet, toute sa vie, ne passera jusqu'à la quarantaine qu'en moyenne trois ans dans les villes de ses emplois, y compris à East Ham (banlieue est de Londres), Paris et Saint-Ouen, La Louvière (Belgique, près de Charleroi), puis Nevers avant de rentrer dans la Sarthe, où il a passé les deux premiers mois de sa vie chez ses grands-parents paternels et où il s'installe plus tard, pendant huit ans. Ce logement est d'abord celui de son père. Ce dernier croit, à tort, qu'il a volé dans la caisse du musée. Avant que la décision de l'éjecter des lieux lui soit signifiée, Neimad quitte ces locaux humides.

Il se demande tardivement si son père tiendrait plus à sa maison de naissance qu'à son fils et si cet emploi simulé n'avait pas pour seule fin de garder la maison intacte.

Neimad a toujours été reconnu sous le nom Damien, même dans ses différents emplois, prénom parfois confondu avec son nom de famille (comme dessinateur industriel tandis qu'il est prestataire). Il est souvent appelé par son prénom pour sa sociabilité d'avant sa prise de responsabilité à l'Amusant Musée.

Monsieur le ministre F., quand il apprend par son fils que Damien considère une vieille Bible de 1592 qu'il possède comme la simple trace du plus grand *best-seller* occidental (à l'origine aussi des censures et autodafés de l'Église), ne cautionne pas le musée. Damien, redevenu Neimad, se trouve donc en 2008 en foyer d'accueil médicalisé, bâtiment projeté dix ans avant par le maire pour « le bien-être » des habitants de la région, tous plus ou moins victimes de l'Église et de ses canons.

Damien (comme Neimad) ne néglige pas la probabilité de puissance(s) (divine(s) ?) supérieure(s), mais ne croit pas (comme sa mère) que celle(s)-ci guide(nt) l'Église dans tous ses gestes, réflexions et actes. Les confessions de monsieur F. à l'abbaye de Solesmes lui paraissent trop bien protégées. Avant cela, il a appris d'un itinérant aux connaissances acerbes, habitué des bibliothèques des abbayes, que le Christ a bien existé (cela, dès l'enfance, lui paraissait évident) et était d'ailleurs, comme d'autres, bon vivant. Neimad considère que la genèse de la Bible n'est que culture, parmi des cultures, celles-ci, la sienne aussi, évoluant au fil des vents.

Damien, comme Neimad, espère qu'il se souviendra jusqu'au dernier jour de ses grands-parents qui auront nourri de nombreuses âmes comme de nombreuses bouches. En effet son grand-père maternel (côté Thérèse Davière, aussi « sainte » des petites choses et fille de Paul et Mathilde) avait dit au père de Damien, sans doute après avoir eu ses dix-sept enfants, qu'« ils étaient plus ceux du Bon Dieu que les siens », ayant une femme trop pratiquante pour lui. Le grand-père côté paternel (d'une souche noble côté maternel) voulait, lui, sacrifier son fils en en faisant un prêtre. Ce choix qui n'a pas été celui de Jean-Marie-Vianney (fils de Raymond et Marie-Louise) qui a, lui, fait un fils non désiré, mais a essayé de l'assumer, donnant la priorité à sa propre carrière.

Neimad, lui, n'aura pas d'enfant, suit la volonté de sa conjointe à vingt-cinq ans, Pao, vingt-neuf ans, qui veut avorter : elle est étrangère avec visa et n'obtient pas de mariage de Damien. Elle lui dit seulement après l'avortement, ce que lui prend pour la période de séparation, qu'elle aura découvert avec lui l'amour. L'enfant aurait été voué au malheur, Damien était sous traitement, et Pao et lui étaient de cultures trop différentes. Cela a fait leur incompréhension, le mot « amour » étant dit avec tant de distance aux oreilles de Damien, sans souvenir du regard. Damien aurait souhaité garder l'enfant, il se fâche à ce propos avec cet amour chancelant, l'administratif pesant trop dans la balance et cela se comprend pour Pao. Pour Damien, les sentiments de Pao n'ont pas été perçus. Elle est pourtant elle aussi écrivain, bien avant lui, elle de fictions fantastiques, primée et subventionnée pour venir en France. Peut-être Pao n'a-t-elle pas non plus pu découvrir en trop peu de temps ce qui faisait leurs différences.

Plus tardivement, il ne souhaite pas reproduire l'éducation qu'il a eue et faire d'un enfant son jouet comme il le constate dans de nombreux cas, par respect pour Pao incomprise et l'enfant qui n'est pas, qui n'est plus.

Damien Dubois, pacsé en août 2014 avec Christiane, vivra difficilement mais comblé par sa conjointe, sa femme de cœur au grand cœur, dans la région du Maine. Il ne se lasse pas de la décrire, femme handicapée, qui n'en fait pas cas et sait à sa manière « faire avec », dans la bonne humeur.

## Son art

Le moteur de sa carrière est sa femme, les catalyseurs : une femme et amie Facebook jamais rencontrée du Nord-Est de la France qui découvre et lui avoue son talent, quand il décrit leurs amitiés « sur l'écran bleu de ses nuits blanches ». Elle décède sans avoir vu naître le premier livre, c'est un ami québécois qui le soutient assidûment après une rencontre professionnelle sur LinkedIn. Le courant passe, Neimad ne s'attache pas plus que cela à l'approche physique, l'abstraction partant d'un support solide qui lui réussit. Dans son esprit, l'habitude et l'accoutumance à l'être matérialisé est prépondérante, mais lui, comme le fait Christiane, souhaite, déjà et aussi, bien vivre les souvenirs, mais d'abord le présent.

Au présent, Damien se lie d'amitiés proches ou lointaines, correspondant et échangeant plus à l'écrit. C'est ce qu'il décrit dans *Ex-time & In-time : l'humain debout*, partant d'une forme ex-time pour se rapprocher de l'intime.

Neimad, de longue date, a un attachement au présent, après s'être trop inquiété de l'avenir. Ce besoin de regarder loin devant, de leurs propres positions, unit Christiane et Damien, Christiane regardant le temps et Damien l'espace. Son attachement au présent vrai et intense le fait écrire, empiétant sur les nuits, chassant ainsi ses angoisses de l'avenir.

Damien ne tient pas à la fiction, mais Neimad aurait envie de décrire un futur détachement de l'oligarchie planétaire, de son peuple, voire de sa planète, gardant des ponts plus ou moins visibles. Il va imaginer même que ce n'est pas forcément le premier, que de faux dieux régentent le monde et sont eux-mêmes dirigés, pas forcément du même univers. Le visionnage au cinéma du film *Star Trek*, où le vaisseau revient vers un point originaire d'une émission radio et où, à la fin, l'émetteur, entièrement disparu, serait la Terre, lui fait imaginer que la Terre n'est pas obligatoirement la première et dernière planète régentée d'« ailleurs ».

Cependant, pour ne pas déborder trop tôt avec son imaginaire fertile, dont il se méfie, **il commence dans ses premiers livres à rédiger des**

**témoignages romancés, convaincu depuis 2008 que les fictions apportent de nos jours plus de données malsaines**, donc des appauvrissements, qu'une réelle construction de vie sur des bases sûres.

Dans ses quatre livres, il se contente de témoignages (bien sûr romancés), n'émettant que peu d'hypothèses.

## Critiques

Neimad, grâce au soutien de J.F., dont il trouve les critiques éclairées, continue son œuvre, trouvant ses critiques encourageantes, car objectives et bien dites — JF donne en toute amitié ses francs ressentis :

- À propos de *Lila, Linou et nous* :

« Bonjour, heureux de pouvoir te lire. Tu as ton propre style, direct, un peu comme une caméra posée sur l'épaule. J'ai lu comme un reportage, un témoignage franc d'une révolte. Un homme ayant l'objectif de sauver l'œuvre de son père et la sienne avec les problèmes liés aux différents handicaps, sans être larmoyant, ce qui est très fort. Ensuite, la vérité sans détour physique et psychologique qui fait comprendre la difficulté de la tâche à accomplir, les relations difficiles de ceux-là même qui voudraient aider et de ceux qui font semblant. Et, dans une ombre invisible qui pourtant est visible au profane, des super-héros à quatre pattes, les chats qui n'ont l'air de rien. Pourtant, ils apaisent, ils réconfortent, ils protègent et entourent les protagonistes, l'homme et sa femme dans leurs tâches difficiles. Et l'amour qu'ils apportent dans une symbiose avec leurs maîtres donne un sens à l'histoire, un lien de l'enfant au petit chat, de l'adulte au père et au fils qui grâce à la force de l'amour de sa femme lutte sans douter. Pour conclure, c'est un morceau de vie de l'histoire de ce musée et en fait un bel hommage au sens du partage. J.F. »

• À propos des *Petits petons et des temps suspendus* :

« Bonjour Damien,

Voici mon modeste avis :

Ton style est là, mais loin du roman, plus proche d'un livre de bord d'un capitaine dirigeant son embarcation dans la tempête administrative d'une mer sur laquelle il n'a pas cherché à naviguer. Le capitaine se rappelle ses souvenirs et autres tempêtes et grâce à son nouveau matelot à quatre pattes qui bouscule tout l'équipage, il fait la part des choses.

Amitiés,

J-F

PS : reproche un peu court. »

• À propos de *Ma plume à Pierrot* :

« Bonjour Neimad,

J'ai lu ton nouveau roman ce *week-end*. J'ai bien reconnu ton style direct. Tu racontes ton histoire comme si tu avais une caméra sur l'épaule en montrant les faits et expliquant ton ressentiment, qui est incrusté dans la banalité de la vie, celle qui arrive et que nous devons subir à des degrés différents et la lutte pour remonter la pente. "Thierry/Pierrot et toi et ton père" des rêves qui se bousculent et la route qui s'arrête avant le rêve de Thierry, bien loin du but de chacun. La vie est ainsi… Et les amours, les relations bousculent et aident à garder le cap indirectement. Christiane est là pour garder l'équilibre, la vie continue…

Félicitations pour ton roman.

Amitiés.

JF »

Dès lors, Neimad choisit J.F. comme référence (dans la mesure de sa disponibilité).


## Bibliographie

1987 : exposition photographique à Loudun (86)

1988 : exposition photographique à Vendôme (41)

2017 : Lila, Linou et nous

Juillet 2017 : Difficile d'être un simple écrivain

Septembre 2017 : Ma plume à Pierrot

Février 2018 : Ma plume à Pierrot/My Pen for Pierrot

Février 2018 : Les petits petons et les temps suspendus

Juillet 2018 : Ex-time & In-time : l'humain debout

## Liens

jouetobjetancieninsolitea.jimdo.com/

www.plume-de-poete.fr/members/neimad/profile/

## Position politique

Politiquement, Neimad s'interroge plus qu'il ne se positionne. Il pense que les monnaies sont facteur de croissance mais autant d'inégalités (étant passées du troc à la pièce, au papier puis au virtuel, et finalement à la dette…) Le capitalisme lui semble créer austérité et <u>maladies à réparer</u>, argument nouveau non dévoilé (le rendant cynique sur sa propre atrocité) repris par M.F. (qui lui a sans explications refusé des subventions pour son musée au moment opportun, faisant de lui son potentiel usager pour un projet de santé de sa commune), mais un moteur de l'économie [le trou de la sécurité sociale, même s'il peut encore être comblé par les remboursements en temps réel (taxes tabac, taxes…) fait peur dans les médias et motive, par exemple, sa politique de ne pas rembourser les frais dentaires]. Il vient après l'argument du chômage utilisé par Raymond Barre (le facteur de l'économie de l'époque avec la société de consommation).

Le socialisme, pour lui, crée <u>aussi</u> une inégalité en produisant des assistés de génération en génération (assistanat tenu pour obligatoire et revendiqué exagérément). Il a cependant le bénéfice de laisser sa chance à chacun, même si de nos jours, elle devient réduite.

De façon résumée, il considère que le modèle occidental est INCAPABLE de se remettre en question seulement par la francophonie, par trop de gigantisme, fonctionnant sur des directives artificielles : gestion financière, directives réglementaires, médiatisation… jugulant toutes les autres cultures. C'est cependant « un moindre mal » à (et pour) une échelle gigantesque, mais il doit être transitoire, d'où *Les pensées suspendues de Dadu*.

Lui-même souhaiterait des échanges culturels proportionnels aux masses ou à la qualité, pas aux moyens développés pour dominer la culture des autres. L'habitude de détruire une culture en détruisant son environnement pour la rendre plus dépendante de la sienne remonte déjà à Buffalo Bill et bien avant. « C'est toujours la culture la plus forte qui gagne » (sous-entendu, pas obligatoirement la meilleure). Il se rapproche plus de la philosophie bouddhiste, contestant les concurrences et rivalités conditionnées dès l'école traditionnelle avec « un rendement obligatoire en fabrication de petits robots-écoliers » de l'époque du taylorisme, ainsi que des valeurs amérindiennes.

Damien s'interroge pendant son souvenir de la chanson de L'Affaire Louis Trio - *Mobilis in Mobile* :

Et si les sirènes d'Hubert Mounier étaient simplement ses chansons ?

« Sur le dos des baleines, je suivrai leur piste… même si les sirènes n'existent pas… »

En août, fonctionnons sans électronique, fonctionnons écologique, fonctionnons sainement, comme faisaient nos grands-parents.

## Réflexion correcteur (Sandrine) / écrivain :

« Il paraît que quand on commence à écrire, on n'a plus envie de s'arrêter, même des gens qui ont commencé à la retraite. C'est comme ça, et sincèrement, il y a des drogues plus dangereuses dans la vie, alors tant que c'est un plaisir, pourquoi se gêner, sincèrement ?

Bonne soirée

— J'ai pris goût sur les réseaux sociaux à écrire et j'avais déjà le goût des langues (donc du français… pas tant de l'orthographe ni de l'autographe).

Je pense qu'écrire, c'est un peu pour tout artiste (et philosophe) un rapport à l'*ego* à compenser (un manque, comme un trop-plein). C'est là que je dois faire attention au contenu.

Pour cela et reprendre un rythme sain, nous allons dans un gîte régulièrement et sans connexion *internet.*

Autrement, trop souvent, je me parlerais à moi-même et on s'engueulerait tous les deux. Heureusement, on rigole aussi !

Douce nuit.

— Écrire est aussi une façon de se détacher de l'*ego,* ou de l'explorer pour en faire ressortir quelque chose… En tout cas, c'est ce que je crois.

Bonne journée, à très bientôt… »

# Table des matières

© 2020 SIOBUD, DAMIEN
Édition : BoD – Books on Demand

12/14 rond-point des Champs-Élysées, 75008 Paris
Impression : BoD - Books on Demand, Norderstedt, Allemagne
ISBN : 9782322254293
Dépôt légal : Octobre 2020